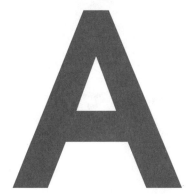

LE

Trace **A**. Then write **A**.

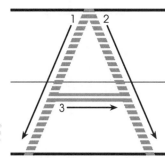

Write **A** under the picture that begins like **APPLE**.

_____

_____

_____

B

BEAR

Trace **B**. Then write **B**.

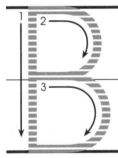

Write **B** under the picture that begins like **BEAR**.

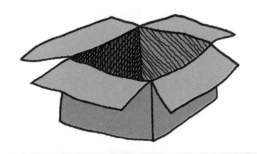

2

CAT

Trace **C**. Then write **C**.

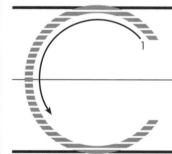

Write **C** under the picture that begins like **CAT**.

D DUCK

Trace **D**. Then write **D**.

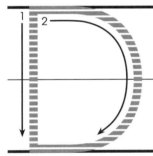

Write **D** under the picture that begins like **DUCK**.

4

E

ELEPHANT

Trace E. Then write E.

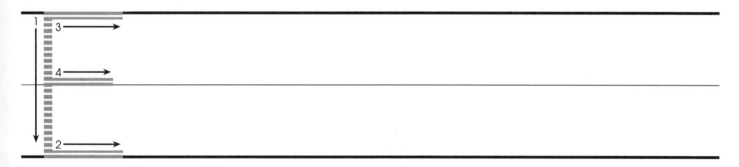

Write E under the picture that begins like ELEPHANT.

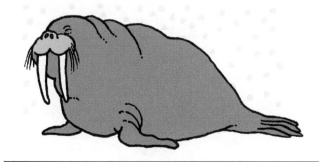

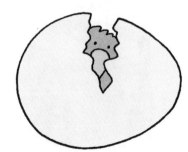

F

FISH

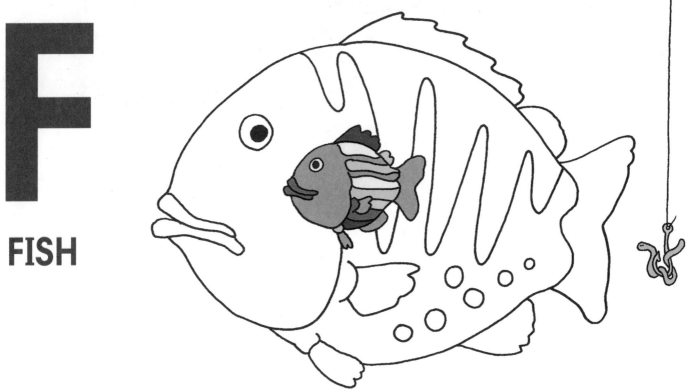

Trace **F**. Then write **F**.

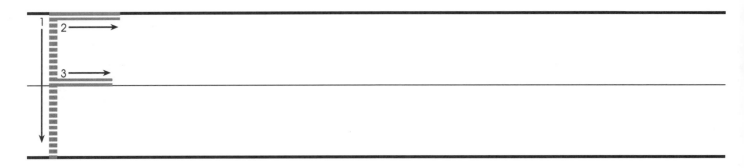

Write **F** under the picture that begins like **FISH**.

6

GOAT

Trace G. Then write G. ▬▬▬▬▬▬▬▬▬▬▬

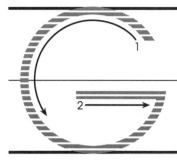

Write G under the picture that begins like GOAT. ▬▬▬▬▬▬

H

HORSE

Trace H. Then write H.

H

Write H under the picture that begins like HORSE.

_____

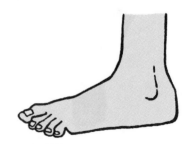

_____

School Zone® Publishing Company

I

IGLOO

Trace **I**. Then write **I**.

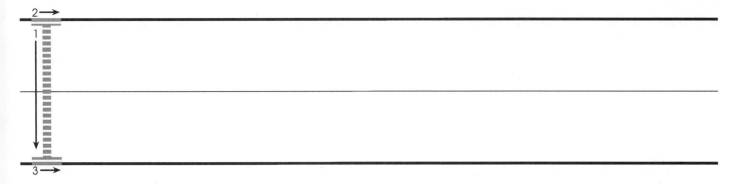

Write **I** under the picture that begins like **IGLOO**.

J

JELLY

Trace J. Then write J.

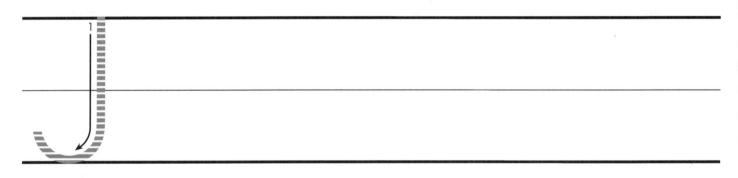

Write J under the picture that begins like JELLY.

School Zone® Publishing Company

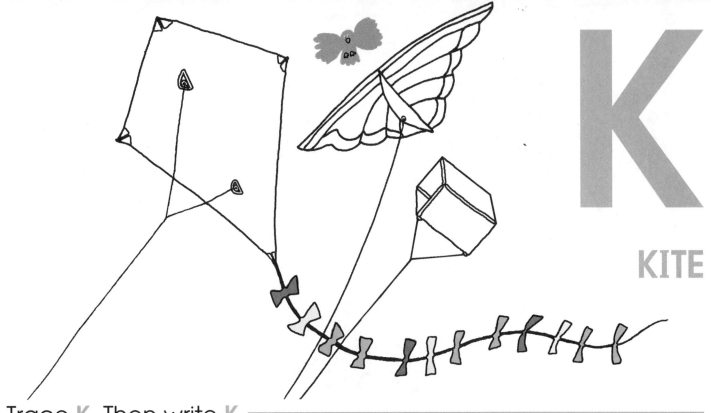

K

KITE

Trace **K**. Then write **K**.

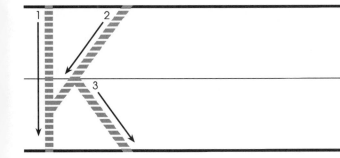

Write **K** under the picture that begins like **KITE**.

L

LION

Trace **L**. Then write **L**.

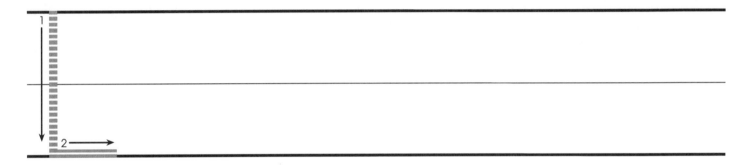

Write **L** under the picture that begins like **LION**.

12

MONKEY

Trace **M**. Then write **M**.

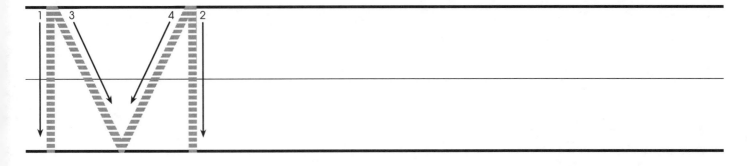

Write **M** under the picture that begins like **MONKEY**.

N

 **NEST**

Trace **N**. Then write **N**.

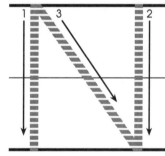

Write **N** under the picture that begins like **NEST**.

14

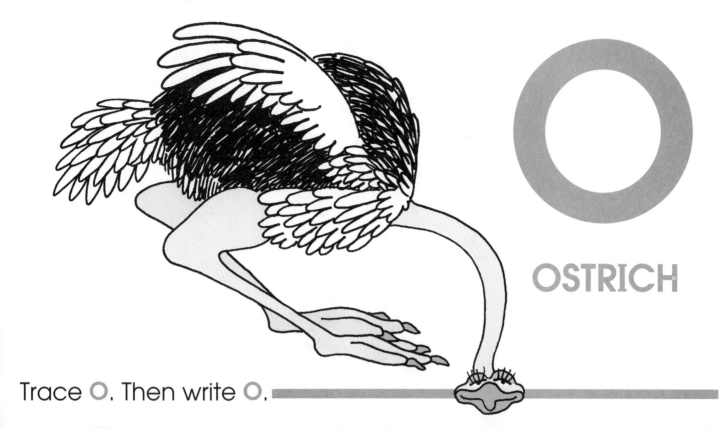

O OSTRICH

Trace O. Then write O. ━━━━━━━━━

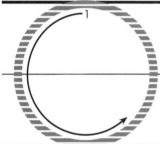

Write O under the picture that begins like OSTRICH. ━━━━

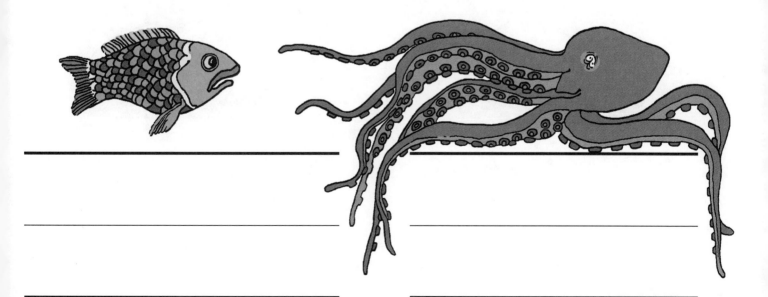

P

PIRATE

Trace **P**. Then write **P**.

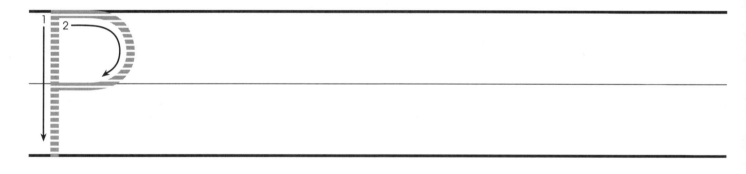

Write **P** under the picture that begins like **PIRATE**.

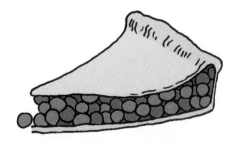

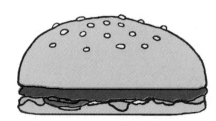

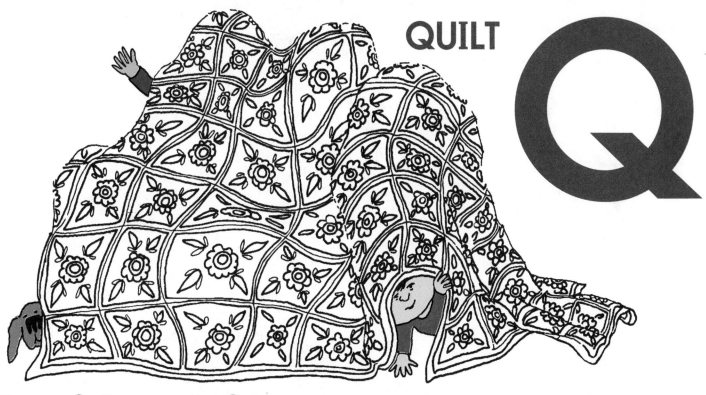

QUILT

Q

Trace **Q**. Then write **Q**.

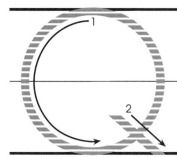

Write **Q** under the picture that begins like **QUILT**.

R

ROOSTER

Trace **R**. Then write **R**.

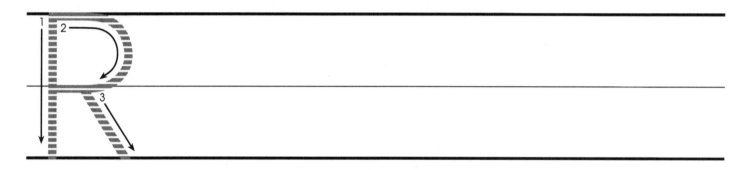

Write **R** under the picture that begins like **ROOSTER**.

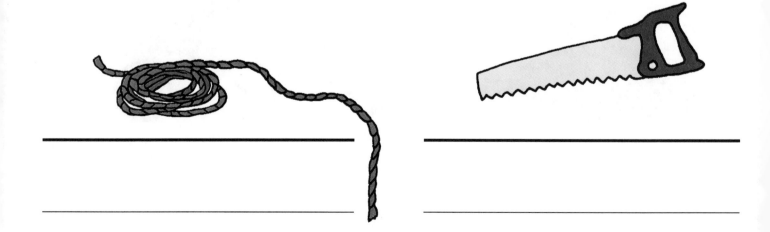

SAILBOAT

S

Trace **S**. Then write **S**. ▬▬▬▬▬▬▬

Write **S** under the picture that begins like **SAILBOAT**. ▬▬▬

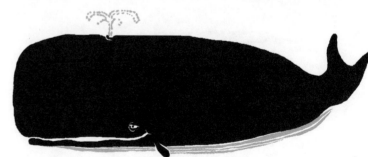

T

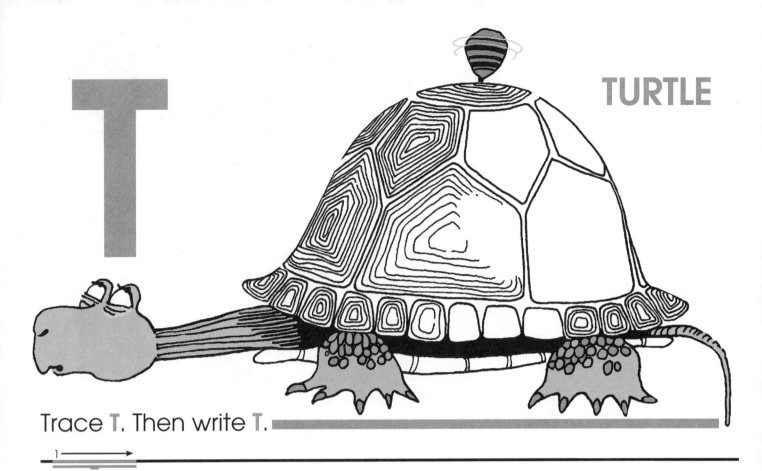

Trace **T**. Then write **T**.

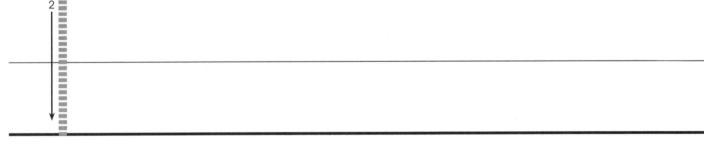

Write **T** under the picture that begins like **TURTLE**.

U

UMBRELLA

Trace **U**. Then write **U**.

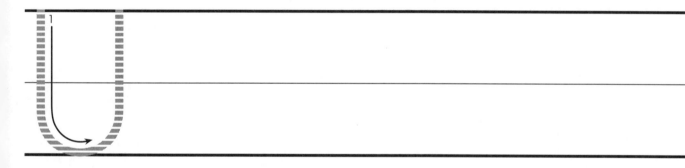

Write **U** under the picture that begins like **UMBRELLA**.

V

VEST

Trace **V**. Then write **V**.

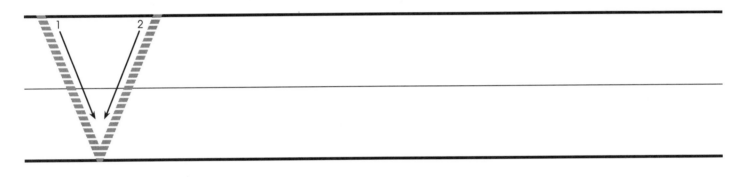

Write **V** under the picture that begins like **VEST**.

22

W

WALRUS

Trace **W**. Then write **W**.

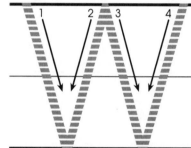

Write **W** under the picture that begins like **WALRUS**.

X

X-RAY

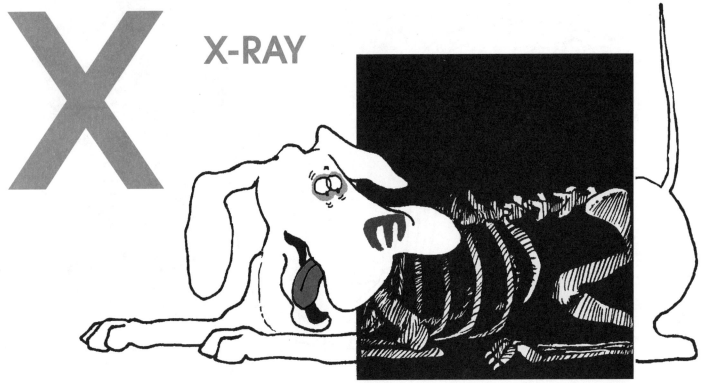

Trace **X**. Then write **X**.

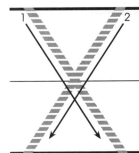

Write **X** under the picture that begins like **X-RAY**.

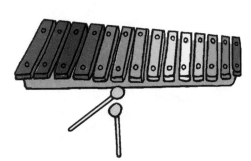

24

Y

YAK

Trace **Y**. Then write **Y**.

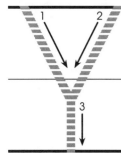

Write **Y** under the picture that begins like **YAK**.

Z

ZEBRA

Trace **Z**. Then write **Z**.

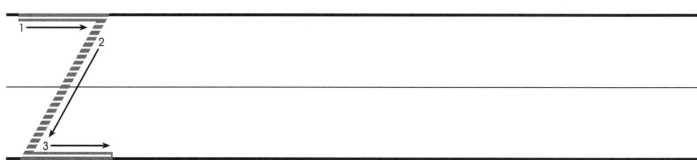

Write **Z** under the picture that begins like **ZEBRA**.

26

School Zone® Publishing Company

Trace the letters. Say the name of each letter.

Circle the letter that has the beginning sound of the picture.

V
T
B
C

B
S
T
L

K
M
P
R

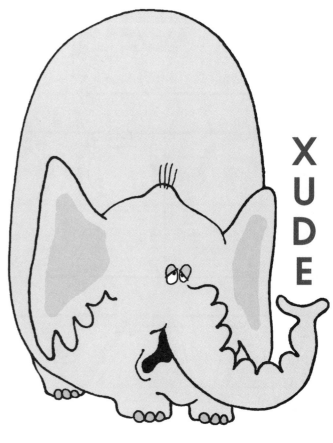

X
U
D
E

28

Draw a line from the letter to the picture that begins with that sound. Write the letter.

C

F

N

P

_____

_____

_____

_____

_____

_____

_____

_____

Draw lines to the pictures that begin with the same sound.
Trace the letters.

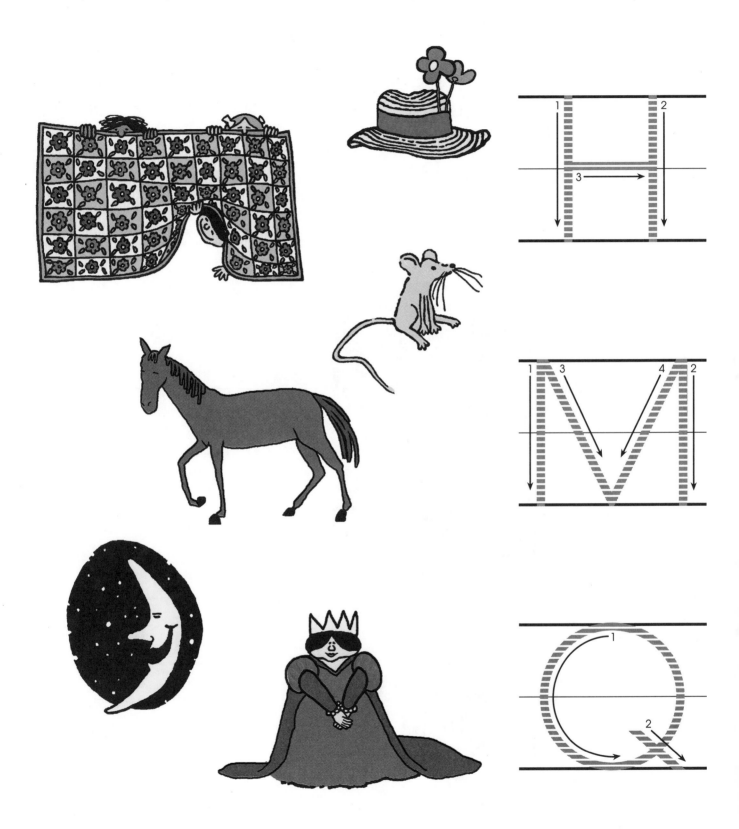

Circle the picture that has the beginning sound of the letter. Write the letter.

J

O

R

T

Write the letter that has the beginning sound of the picture.

School Zone® Publishing Company **02065**